EL MÉTODO SHEREZADE

EL MÉTODO SHEREZADE
Primera edición: septiembre 2025
Derechos reservados:
Ediciones Torremozas

© de esta edición: Ediciones Torremozas
© de los textos: Marta Giménez Martínez
Fotografía de la autora: Fran González

ISBN: 978-84-7839-953-6
Depósito Legal: M–18495–2025

EDICIONES TORREMOZAS

ediciones@torremozas.com
www.torremozas.com

MARTA GIMÉNEZ MARTÍNEZ

EL MÉTODO SHEREZADE

389

COLECCIÓN TORREMOZAS

Marta Giménez Martínez nació en Huesca en 1977 y reside en Tenerife desde 1983.
Ha recibido el XXXIV Premio Lasarte-Oria de relato y ha sido accésit del Premio del Tren Antonio Machado de Relatos 2022. Tiene publicado el poemario *La latitud irreparable*, que ganó la convocatoria del Gobierno de Canarias para la colección de poesía Natalia Sosa Ayala en 2022.

En Madrid, el 4 de junio de 2025 un Jurado compuesto por María del Pilar Palomo, José Manuel Lucía Mejías y Marta Porpetta otorgó a este libro el XLII Premio Carmen Conde de Poesía de Mujeres, convocado por Ediciones Torremozas.

Cuando el dolor ha triturado ya el último hueso de mi noche
y solo habla el silencio al corazón insomne que hila y deshila
[penas y memorias
Piedad Bonnett

«¡Qué historia tan extraordinaria e increíble!», exclamó su hermana Dinarsad. «Pues si la próxima noche aún sigo con vida y su majestad el rey me lo permite, os contaré el resto, que es mucho más sorprendente todavía», replicó Sherezade.
Las mil y una noches

El origen

Hemos profanado la costa de Anatolia,
las tierras de Jonia que vieron nacer al maestro.
Hemos deforestado el lenguaje
buscando el palacio escondido
de Pari Banu junto al príncipe Ahmad y ahora
solo tenemos desierto.
Hemos sido, todas nosotras, Zobeida:
el origen del castigo, la llave del dolor.
Con nosotras se inician las siniestras nupcias,
la caída implacable de las cuchillas
sobre las nucas blancas y hermosas.
Y sin embargo siguen llegando hasta aquí
plumas salvajes y exóticas
de aves ya extintas.
Y sin embargo, sigue estando en el poema
(en qué otro lugar habríamos de hallarlo)
la redención que trae, con el alba, el verso.

Mil historias

Conozco el relato de los sahs y los sultanes,
de primera mano la caída de Astiages,
último rey de los medos.
Soy la hija del gran visir de Shahriar.
Conozco a los aqueménides y a los sasánidas
como se conoce a un hermano pequeño
y es por eso que puedo cantarte en la oscuridad
la dulce Persia.
Fui yo quien escribió sobre el barro
la caída del Imperio; me pertenece pues
el cilindro de Ciro el Grande
que habéis excavado en Babilonia.
Domaré para ti, no temas, a los toros
androcéfalos y alados
del Palacio de Parsagada,
y dejaré abiertas las puertas de Persépolis
para que sean tuyas todas las Naciones.
Puedo darte el desvelo de mil noches
cada una en un poema,
como al pájaro se le brinda el agua
en el cuenco tierno de la mano.
A cambio, solo te pido, mi especular sultán del verbo,
que al llegar la mañana a mi boca
no ruede mi cabeza sobre la alfombra.

ORIENTE-OCCIDENTE

Me acuesto con un hombre que cruza el mar para volver
⌈a casa
y en mis sábanas acantiladas Escila y Caribdis
esculpen sobre aguas de hilo el Estrecho de Mesina.
Canta desde mi cama, en persa sasánida su griego inmortal,
[Homero.
Se duerme Odiseo, despierta Simbad, que ya no puede
⌊conciliar el sueño:
revienta a pedradas los siglos y estira la sombra serena de
[la Historia
hasta llegar a Maryland, donde se funde en negro con Poe
[y su terror.
Yo espero al hombre-cuervo aquí, donde los perros orinan,
para dormir junto a él y su cansancio;
viene de llorar a su hermano muerto,
de beberse con láudano la tuberculosis de Virginia,
de contarle al mundo *El cuento mil y dos de Sherezade*.
Pero ambos llevamos siglos desvelados,
se nos ha pegado el insomnio a las tripas
como la cadaverina a los huesos.
Y ya no puedo alcanzarlo, dictar sus poemas, besarle
[la frente;
ha decretado la noche que me acueste con un hombre
que ha de cruzar el mar para volver a casa.

La emboscada

Pero aun en la más serena de las noches, acecha la fatalidad.

Las mil y una noches

Vive en este poema una Shahrazad cansada
de cuentos y de historias, hastiada
de los vítreos desvelos, del lento destino
que las fuentes del palacio ahogan en apenas tres palmos.
Y como esto es un poema, ella puede aquí envilecerse,
abrirse las venas para que fluya, preciso, tanto odio
                                        [acumulado.
Puede, en estos versos, alargar la mano hacia la daga
que reposa aún caliente sobre la mesilla, esperando
como esperaron durante años las partituras
del concierto de Brandeburgo la muerte de Christian Ludwig.
Porque a veces la muerte es el viático para esa jornada,
para esa migración de búfala hambrienta
a través de las llanuras imposibles.
Y vive aquí también, en el entresuelo de este mismo poema,
una hermana que hubiera querido desafiar a la muerte,
a su albina presencia. Una mujer apenas nombrada
que, en días como hoy, quiere ser basalto, ígnea roca
con su plagioclasa y su piroxeno a flor de hueso
acechando a la fatalidad de la noche.

Shahriyar y Shahzaman

Tarde vine a saber que lo que no es aire
en poesía, ni rotación ni traslación, son míseros libros
oliscos a inmortalidad.

Gonzalo Rojas

Y tarde supe, también, que dos hermanos
en poesía, aun siendo reyes de India y Samarcanda,
aun durmiendo sus sueños en camas de jade,
no son un imán irresistible.
Tarde supe que precisan,
cuanto menos, ser rápidos en la venganza
y lentos en el perdón, que su dolor
ha de ser inmenso como las arenas de los desiertos
y que su odio necesita de mil noches para existir.
Tarde, que debe sembrarse el amanecer
con los cadáveres hermosos de hermosas mujeres
para que florezca luego la belleza sobre los versos.
Tarde lo supe y es por eso que este poema
apesta a fugacidad.

No prescriben los crímenes del sultán

Silenció sus bocas cuando la noche despertaba
y eso debería bastar para acumular el odio en un aljibe.
Deslizó la fiebre bajo las sedas desnudas de las muchachas
y ellas, como si les diera vergüenza morir,
lo hicieron despacio y con cautela.
Yo, que las he visto dejar de ser, una a una, hasta las tres mil,
me arrodillo ahora ante los belfos abiertos de la bestia,
                                    [me ofrezco
como exquisito manjar para su hambre y desde abajo observo
una grieta en el marfil de sus dagas puntiagudas.
Es ahora mi hogar esa grieta, en ella levantaré mi templo
                                    [de poemas,
lo iré domando, al animal, con la mentira sutil de los versos,
y cuando en el mañana de los siglos ya no pueda soportar
                                    [más tanta belleza,
cuando se le haya encogido el corazón hasta hacerse gusano,
abriré yo mi boca, también de bestia (por qué no), y tragaré
lo que de él haya dejado el olvido.

LA NOCHE VERBAL

En la noche verbal esa fuente habla
un idioma que no comprendo.
Pero me basta su música.

José Emilio Pacheco

De memoria hemos aprendido las buenas esposas
los cuentos de Shahrazad,
no para nuestros hijos, perdidos ya
en la crueldad de los jazmines de Damasco
antes de nacer, sino para ellos,
los maridos, hambrientos
de una música que no comprenden.
Recitamos en la noche historias de Al Rashid
y su poeta Abu Nuwas,
cantamos para los hombres y su sueño
la decapitación de Yafar, la súplica de la princesa,
la advertencia al derviche en el harén:
«solo una habitación tiene prohibida la entrada».
Vienen, de nuestra voz, a la Ciudad de Bronce,
al Zoco de Bagdad, a los palacios de Samarcanda
y como el niño que va de la mano,
también ellos se saben a salvo del beleño
que vierte en el licor
la hija de Dalila la Taimada.
Somos *en la noche verbal esa fuente* que habla y los redime,
somos su anhelo de califas y sultanes
sobre sábanas de hilo envejecido,
somos, y lo saben, su puerta al mundo de las maravillas.

El sueño

*Traiga cuentos la guitarra
de cuando el fierro brillaba.*

Jorge Luís Borges

¿Acaso soñó Shahrazad en la noche de su palacio
con un bibliotecario ciego que en su hoy es
nuestro ayer desnudo de todo misterio?
¿Soñó que sería ella
el mito del mito?
Tal vez lo vio atorado en su ceguera,
palpando los tules y las sedas
con la voz rocosa de los navajeros,
rebotando sus dudas contra las paredes
del Teatro Coliseo de Buenos Aires
mientras las sílabas de su nombre,
Shah - r a - z a d,
se descalzaban en la boca del maestro
y en la calle desaparecían
los hijos hermosos.
Tal vez ella lo soñó para que en los cafés
tristemente iluminados de El Cairo y Estambul,
las sílabas de su nombre,
Bor - ges,
se descalcen tibiamente,
en el templo gastado de tu boca.

Una perra sola en el espacio

Hemos enviado a Shahrazad a una misión espacial.
Insistió que debía ser ella la embajadora
allá en las otras estrellas y quién mejor para contarnos.
Atrás deja la luna de Armstromg y Kubrick,
que tanto se le parece a la isla de los Faisanes,
a la de las Niñas Pájaro y su sanatorio de Pedrosa.
Reporta que hasta la nave llegan los dorados fulgores
de la piel impenetrable del León de Nemea
y que hace un momento ha pasado mugrienta la noche
recitando un verso de Félix Grande:
Soy este lado de la distancia.
Aquí, en este otro lado, esperan sin dejar de mirar el cielo,
amantes desmembrados y ciudades petrificadas,
las pesadillas del príncipe encantado de las Islas Negras,
tres derviches tuertos, un califa disfrazado,
Marjana, la inteligente esclava,
el porteador y las tres mujeres de Bagdad,
pero quien más anhela el regreso de la cosmonauta,
es Shahriyar, quieto entre los árboles,
porque hace siglos luz que no es capaz,
sin ella, de conciliar el sueño.

Fraternidad sobre el tiempo

A mi hermano

De entre todos mis nombres elijo Parizade,
la hija perdida del Sultán.
Con astucia venzo a las voces aterradoras que habitan
                              [la montaña
(como Ulises al canto de las mujeres pez).
Hallo en la cumbre al pájaro que habla, al árbol que canta,
y al agua dorada que ha de romper el hechizo de las piedras
                              [negras.
Hoy mi nombre es Parizade, la princesa bengalí
que salva a sus hermanos de ese azar inagotable,
de esa ruina tristísima que cae
sobre hombres y ciudades en los cuentos de Shahrazad.
Hoy vencemos a la muerte, hermano,
como si nunca hubiera sucedido,
y aquí mismo nos encontramos,
en esta edad mía que tú nunca tendrás.

GLACIACIÓN

Vendrán nuevos nacidos que con su piel sin curtir
nos mirarán con lástima de corral y matadero
y nos contarán la historia desde el otro lado.
Urdirán para nosotras un Shahriyar manso,
una innecesaria Shahrazad que invocaremos,
a la postre, en la memoria perdida de Damasco.
Y entonces, no seremos ya nadie,
apenas gloria de polvo entre las flores,
y en la mitología del hielo buscaremos de nuevo
los rastros del oro, el perdón de las palabras.

Cuentos sin final feliz

pero los cuentos ya no detienen
las manos de los verdugos.
Pedro Flores

La fiebre de los cerezos ha tomado las calles desiertas,
las ha cromado de rosa como el atardecer.
Es primavera y en el lecho del Sumida reverbera 1942.
Sobre el silencio escurridizo una mujer
narra historias de Bagdad, cuentos
de lámparas maravillosas, de ciudades ocultas en la selva.
Más allá, en la ópera de Semper, Dionisio y Ariadna
se alzan sobre el pórtico en su cuadriga de panteras.
Es invierno y en las márgenes del Elba se detiene 1945.
Sobre el silencio imposible, también una mujer
narra historias de Damasco, cuentos
de genios rebeldes, de palacios de bronce y altas murallas.
Para qué seguir si no caben en un poema tantas Shahrazades,
si son incontables las ruinas de mujeres que en Tokio,
en Dresde, en demasiados sótanos y refugios sin nombre,
no pudieron aplacar en la noche la furia del verdugo.

Peligro de muerte

*Sin darse cuenta que la poesía
huye de los poetas.*

Jorge Eduardo Eielson

No la salvará la belleza silvestre de sus ojos,
ni los oros de su dote. Los verbos de ágata
y jade duermen bajo la roca de la Historia;
tampoco ellos la salvarán.
No la salvará la docilidad de su boca muerta,
las refinadas formas de su lectura del silabario.
El infinito desierto y la arena,
la eternidad menos un día,
los demasiados descendientes de Jubal,
todo y más la ponen en peligro constante
y sin embargo ella...
«Sin embargo», un adverbio abrupto
aquí en los versos, un bastardo que avergüenza
a su padre y sin embargo, tal vez él,
con su puñal y su daga,
con las hojas violentas de los alfanjes,
él tal vez sí,
pueda salvar a la poesía del poeta.

Prodigios y maravillas

Si pendiera sobre la cabeza de la poeta
la espada del verdugo
tal vez no bastaría con ser
la Hanna Diyab de la poesía;
prodigios y maravillas no serían, esta vez, suficientes
para llegar al alba salvando la vida.
Qué es entonces,
qué te contenta a ti,
mi sultán desvelado,
qué cosa debo aprehender
de entre las aguas del río corriente abajo.
Iré allá donde los jinn desobedientes de Salomón aguardan,
allá también donde encerradas bajo cuatro llaves
en cofres de cristal esperan
la belleza y la ternura. Pero sospecho,
mi lector sultán al otro lado de la página,
que no es ahí donde se esconde,
que no está en el epítome de la luna arábiga,
el poema que salve a mi estirpe de gorgonas.

Parisátide, amante de Alejando, inspira el personaje de Shahrazad

... los extraños poemas que se susurraban al oído los amantes
en las estrechas calles de Babilonia y Susa

Luis Rogelio Nogueras

Qué poemas serían esos que Alejandro dijo al oído
a Parisátide en las calles de Susa,
quizás los mismos que escuchó Roxana
tras el asedio de la Roca de Ariamaces.
También Barsine-Etatira se rindió a los versos
como la fortaleza al poder de los hombre alados.
Y es así, de esta única manera, que se reúnen
tres princesas en un poema,
tres hijas de reyes para un rey
y la sospecha de que, a veces,
es demasiado fácil rendirse a la poesía.

Tautología

Éramos mujeres de letras aun sin saberlo
cuando desde el regazo suplicábamos
otro cuento más a mamá,
cuando, incluso ya desde la cuna,
exigíamos en llanto
que la noche acabase en palabras.
Ya entonces se anunciaba el cianúrico olor de la poesía
en nuestras manos llenas de la tierra del jardín,
de la lluvia empozada en el pelaje del perro.
Aun sin saberlo digo —sin sospecharlo siquiera—
la locura inédita, las huellas de mil hombres
y su sombra, nos acechaban emboscadas
en la jaula de los sacrificios.
Pero ninguna bestia ha sido después suficiente,
ningún dolor traducible,
y el silencio del sordomudo es todo cuanto tenemos hoy
las mujeres de letras.

La eternidad más uno

El amor nos indica que la cercanía es pura apariencia.
Al-Hallay

Fue Adán el primer poeta. Sobre la tumba de su hijo Abel
llora poemas al primer muerto (Eva es una sepultura).
Alguien colgó después los versos
en los velos invisibles del templo con letras de oro
y ya desde entonces ondean a media asta las ruinas,
el recuerdo cegado de los tigres.
Ya desde entonces decir mil es decir infinito
y la eternidad más uno solo puede escribirse
con las letras del alifato, con las arenas tibias de los desiertos.
¿Quién sueña hoy con Kublai-Kan?
¿Es Samuel Coleridge allá en el Romanticismo?
De Alejandría a Persia Simbad el Marino es Ulises,
de ayer a hoy el hambre es de los astrólogos
que han escuchado todas las pisadas
de los hombres en la Tierra y entre ellas han reconocido
a la menor de las Brontë, a Borges y su
un siglo es un momento, al libro persa
Hezar-Afsana o los Mil mitos, a la reina
Homay Cehrzad y su guerra contra los griegos,
a la pura apariencia de este amor antiguo
que viene desde tan cerca.

El último poeta romántico

Te amaré eternamente y aún después.
Heinrich Heine

Hemos sobrevivido al hijo del comerciante de telas,
a su homicidio premeditado,
a la prima Amelie y su falta de amor.
Somos nosotras la conjura de la maravilla,
las últimas románticas sobre el papel.
Hemos sobrevivido, amor mío, a mil noches de insomnio,
y en el desvelo aguarda
el perdón de una ofensa
milenaria y atroz. Es nuestra
la soberbia de las torres más altas,
la arrogancia de los palacios que conjura el infinito.
Son nuestras también las estrellas
porque en ellas acota el universo su eternidad.
Nuestras las historias de otros y sus amores,
sus versos prestados para que pueda, también yo,
amarte *eternamente y aún después.*

Eneas contra Simbad

Si lees los viajes de Simbad el Marino, acabarás aborreciendo
los de Eneas.
Horace Walpole

Por encargo del emperador cuenta Virgilio
en su epopeya latina,
antes de la extinción de las edades,
los viajes de Eneas por el Mediterráneo,
su estancia en Cartago, la llegada,
por fin, al anhelo de Italia. Antes
destruye sin vileza Troya,
sin pasión funda Roma,
reescribe para el príncipe de Dardania
los hexámetros de Homero
y al impulso de la cítara,
cantan los aedos el septenio del héroe.
Pero está muriendo Virgilio en la conquista de los siglos
y quiere quemar la Eneida junto a su cuerpo,
tal vez entre los escombros del fuego
humea el rencor en los ojos de Creusa
cuando intuye que Simbad
no la hubiera olvidado nunca
bajo la ciudad en ruinas.

La mujer pez canta a su sultán

> *y que al desvanecerse el espejismo,*
> *desde las glaucas ondas del abismo*
> *le tentarán las últimas sirenas.*
>
> Ernesto Noboa Caamaño

Yo quiero ser, vida mía, tu última sirena,
tentarte con mi voz y que sucumbas,
a sabiendas, al engaño.
Quiero cantarte en zenda, en sánscrito si es preciso,
la vigilia nómada del rubí
que aprendí a tallar allá
en las montañas negras de la Luna.
Como el eco revoltoso que no calla,
recitaré, antes de que te duermas,
poemas beduinos
para que tenga sentido la vida.
Quiero ser tu última sirena, amor mío,
y que tras mi voz se mueran
todas las otras mujeres pez. Quiero
que las noches cuenten desde hoy en hégiras
como si también nosotros hubiéramos huido,
y que podamos hablarle al tiempo
como se habla a un hermano muerto.
Quiero
que al desvanecerse el espejismo,
ese que cubre mis piernas de escamas
y mutila la vejez que ya hay en mis ojos,
encuentres a la mujer que te ama.

La serie de novelas «Sinbad» de Gyula Krúdy se hace popular durante la Primera Guerra Mundial

Mamá servía en la casa de los Krúdy y papá quiso
que fuera un respetable abogado como él.
Budapest estuvo siempre demasiado cerca y se hizo preciso
cruzar mares, navegar imperios, perderse
en territorios paganos de extrañas costumbres.
Pero a veces esa distancia tampoco es suficiente,
quedan entonces las tabernas del puerto y su alcohol,
los mercaderes y Simbad, que regresa a Basora
de isla en isla, de mar en mar, de ciudad en ciudad.
«Ya estaba ciego el gigante», confiesa el marino,
«Ulises siempre se me adelanta».
Nada cuenta del Valle de los Diamantes, ni del ámbar gris
o la isla de los monos, nada de los esclavos abisinios,
de la balsa de madera de aloe, solo repite,
sobre el hombro ebrio y cansado de Gyula,
que Ulises llega siempre primero.

¿QUÉ FUE DE ELLA?

Y a la vuelta de mil noches sabemos
que él terminó por amarla, que su odio
de pez de acuario se había evaporado
como el té en los cuencos de arena.
Sabemos que le perdonó la vida, que le dio tres hijos,
que la hizo sultana de un reino imposible de soñar.
Sabemos que los candados del alma ceden ante la palabra
como el llanto de los niños ante la asombrosa ave
                                        [emplumada.
Y sabemos también que el olvido hace al perdón innecesario,
que el infinito se cuenta de uno en uno,
que las flores crecen de a poco.
Pero jamás sabremos si los rectos muros del palacio,
los que ensombrecen las piedras más menudas,
le roban también la luz, a ella,
a la mujer que en la noche cuenta historias.

Mil y un andamios para subir a la noche

El poema no pide de comer. Come
los pobres platos que
gente sin vergüenza o pudor
le sirve en medio de la noche
Juan Gelman

QUÉ RECURSOS NARRATIVOS USÓ SHAHRAZAD
CON EL SULTÁN PARA CONSEGUIR SALVAR LA VIDA
UNA NOCHE TRAS OTRA DURANTE MÁS DE TRES
AÑOS Y LO QUE ES MÁS INTERESANTE: ¿PUEDE LA
POESÍA ADUEÑARSE DE ESOS RECURSOS?

I

Shahrazad cuenta al sultán la historia
del porteador y las tres mujeres de Bagdad:
tres hermanas que viven sin hombre,
que lloran, que se rasgan las vestiduras,
que azotan a las perras,
que se citan con tres derviches tuertos.
¿Porqué lloran las hermanas, porque apalean
a las hembras caninas?
¿Por qué están ahí los tres ciclópeos derviches?
Ha afilado, la enésima mujer del sultán,
el arma del suspense y él
se desangra lento
como un cordero en el *iftar* del Ramadán
¿puede la poesía jugar también a los misterios,
dejar sin desvelar el final del poema?

II

Prosigue Shahrazad su noche infinita
contándole a su amo
La historia del pescador y el jinni:
y justo antes de ser arrojado al mar
el genio en su botella, quiso contarle al pescador
El cuento del Rey Yunán y el sabio Dubán
donde el visir le narra al rey leproso
El cuento del Rey Sindbad y el halcón,
y el visir pide al sultán que lo deje morir
como al hombre que engañó al hijo del rey
y como el sultán no sabe de ese engaño,
de ese hijo, de ese rey, pide al jinn que le cuente
El cuento del hijo del rey y el gul
y en este nuevo relato,
el rey que buscaba el secreto de los peces
pide al muchacho de piedra que llora
que le diga su historia
y desde la boca rocosa se escucha
como desde el fondo de una cueva
El cuento del príncipe encantado.
Los que saben de estas cosas,
los eruditos de la prosa, llaman a este juego
caja china o *muñeca rusa.*
¿Puede la poesía, como las niñas en corro,
jugar con muñecas y vestirlas de azul,
incrustar un poema dentro de un poema,
dentro de un poema, dentro de un poema?

III

Practica la bella hija del visir,
desde su cautiverio desvelado,
el sutil arte del *cliffhanger* antes de ser *cliffhanger* ,
el *to be continued* que tan sabiamente administran hoy
los guionistas de seriales.
Tensión psicológica, acción dramática,
quién da más en la subasta de la noche,
quien se atreve a matarla
sin saber cómo termina el cuento,
quién no mataría por saber cómo siguen
aquellos *días azules y ese sol de la infancia.*

Efecto Zeigárnik

El efecto Zeigárnik se produce cuando una actividad que ha sido
interrumpida puede ser recordada más fácilmente.
Wikipedia

Ya en el café de los espejos,
a la sombra de la Gran Mezquita
y del bazar Kahn al-Khalili,
hubo quien sabía de este efecto
y, de entre las mesas donde se sirve té de menta
a dictadores y poetas, trataba de escabullirse
dejando a medias sus historias de maravillas y prodigios,
dejando a reyes y mercaderes tronando de inquietud
por el cuento interrumpido.
Ya bajo aquella luz anfibia del otro lado del tiempo
hubo quien siempre supo
que no solo los gatos mueren de curiosidad
y con el arma de Chéjov cargada entre los labios
abandonaba con urgencia fingida la escena de su crimen.
Apostados en la salida, los hombres más violentos,
no logran taponar la rendija dócil que le brinda huída
al prestidigitador de palabras.
Hay versos que son ese hombre que huye.

El encadenamiento: un personaje secundario es protagonista en el siguiente texto

En la oscuridad del palacio una luz queda prendida
mientras los centinelas duermen
de pie sobre sus lanzas. Un hombre se abraza a las palabras:
es el fatigado prisionero de una voz rumorosa.
Encadenado a los diagramas florales de Vanuatu
que sobre la arena de la noche desértica
dibuja la mujer que ha de ser degollada,
no encuentra consuelo el rey de Samarcanda.
Pesa la cadena del Sultán
como un ejército de hoplitas
que mira a los ojos de Medusa.
Los eslabones son
afilados dientes de culebra
que paralizan el mundo con el tósigo azul
de los finales interrumpidos,
que suspenden mil noches en almanaques de cobre
para que tú puedas, vida mía, cada amanecer,
pedirme un poema más.

Habla Shahrazad con la cabeza de Medusa

Si hubieras sabido contar historias, mi dulce criatura.
Si como yo hubieses tratado de domar al monstruo,
que sobre tu carne hermosa y mortal
fue más bestia aun
que las bestias ciegas que aran la tierra.

Premateria de poesía

Dejemos por un instante,
colgados en el acantilado del verso,
a unos amantes y su veneno
y avancemos en los siglos del poema
hasta un modesto restaurante del Berlín de entreguerras.
Bliuma Zeigárnik mira distraída a la multitud
que tamiza la Alexanderplatz, desdobla
el lino de su servilleta y lo tiende en su regazo
poniendo el mismo silencio en ese gesto
que un ornitólogo pone en sus pasos por el bosque.
Ella espera, su maestro Kurt se retrasa,
y nada de esto tiene la menor importancia en el poema:
profesor y alumna no se aman, no se desnudan
con los dedos delatores del tiempo transcurrido,
no equivocan dulcemente las señales que
para los amantes envían las estrellas.
Pero en el ir y venir de las comandas, en el tráfago
de los platos que entran y salen de la cocina,
en el bullir de los cubiertos sobre las voces,
profesor y alumna observarán el tráfago de un hombre
que entra y sale de la cocina, que por encima del bullir
de las voces y el fulgor de los cubiertos,
no olvida aquello que falta,
no olvida las cuentas aún sin pagar,
las tareas inconclusas de su oficio servil,
ellos evocarán a ese hombre que huía
en el café de los espejos, atarán cabos,

formularán teorías y el anónimo camarero
de un modesto restaurante del Berlín de entreguerras
copará un poema entero no siendo nadie,
no equivocando dulcemente las señales que en la noche
iluminan un cielo desprovisto de claves secretas.

Shahrazad

Estos reyes poderosos
que vemos por escrituras
ya pasadas
Jorge Manrique

Alguien, lejos, en el hoy que aún no es,
podría preguntar qué fue de los reyes y los césares,
de los sultanes y los faraones. Dónde están ahora
los dueños de Persia, los califas de Arabia.
Adónde fueron los soberanos de la India,
en qué palacios han muerto de hambre
las vírgenes de Damasco, las sedas y los tules, el oro.
Alguien, que está por nacer aún, preguntará quizás
quién guarda el infinito de aquellas noches,
por qué no rodó también aquella cabeza.
Y yo diré: están aquí, aquí todos,
en estas rusas preñadas,
en la diégesis del imperio,
en mi vientre de matrioshka.

Matrioshka

En tantos sitios estuvimos de prestado
que se hace difícil precisar
en qué mudanza, en qué rapiña
embalamos las matrioshkas
y las hicimos de la familia.
Imposible, digo, datar, el momento oscuro
en el que se hicieron con el aparador
y arrinconaron la foto del abuelo.
Pero el caso es que están ahí
y se parecen tanto a mi madre, que no es rusa
pero que una vez las imitó y albergó dentro de sí a su hija,
que alberga a una hija
que albergará a otra hija.
Se parecen tanto también a esas joyas
que Fabergé creó para los zares:
un huevo que esconde una yema de oro,
que esconde una gallina,
que esconde una corona.
Tanto se parecen esas matrioshkas
al poema que guarda adentro otro poema,
que guarda adentro otro poema,
que guarda...

ANTOINE GALLAND, EL PRIMER TRADUCTOR EUROPEO DE *LAS MIL Y UNA NOCHES*

En los reinos ciegos de la arena, en las soleadas torres de
[piedra,
se enmadeja la historia de las noches que el polvo ha de
[arrastrar
de Oriente a Occidente. Una ruta de seda verbal y sinfónica
que transita de la multitud sagrada del anónimo
a la palabra dictada del embajador de los Romaña,
que se expatría desde los bazares y comercios de Bagdag
a las manos serenas del hijo bastardo del mercader
[Boccaccio di Chellino.
Cómo no tener en cuenta que en el peaje del tiempo
[tumefacto
se nos han perdido los dioses, que en el invierno criónico,
la espera de las larvas agoniza.
Desde Somme al mundo, como si ya desde entonces
aguardase esa región durante siglos
la sangre espartana de los hombres,
nos llega sagrada la ceniza del desierto en llamas.
Pero no es más que un niño grande Antoine,
carne y huesos apesebrados a su costumbre,
y es difícil ungir de insomnio a la ciudad fatigada,
agarrar, en una sola voz, toda la belleza del mundo.

Materia de poesía

Dejamos suspendidos, recuérdenlo, unos poemas antes,
a dos amantes y un veneno. Y solo esas dos palabras bastan,
amantes y *veneno*, para saber casi todo de ellos,
para sospechar que ahí puede haber un poema.
Si hubiera escrito *corbata*, *cabeza*, *sopa*,
sería inútil buscar versos donde crece la selva
devoradora del Templo del Gran Jaguar,
pero *amantes*, oh sí, los amantes sí
nos llevan directos a ese templo,
a ese último tesoro maya, a esa ruina ancestral.
También *veneno* invoca, quizás,
a la dorada rana dardo de Colombia
y su piel de sol, o por qué no,
a los tropicales bosques de Asia
donde crece el árbol de la estricnina.
Los más nostálgicos suspiraremos por la isla antídoto
que flota sobre el Egeo y oculta en sus pantanos
el contraveneno que precisan ellos, los amantes.
Sin embargo, es en el nudo de la corbata
que se resiste al parkinson de él,
en el freático modo en el que ella
comienza a olvidar que lo ama,
en el paquete rojo de matarratas
que ella confunde con el de Sopinstant,
donde, esta vez, nos embosca el poema.

El templo del Gran Jaguar

El espíritu de Yamil III sigue en el templo devorando gente
mientras el jaguar tallado en la piedra
mata su hambre en las noches de luna llena.
Roger Moore no es Roger Moore en el Tikal de 1979,
Moonraker no es solo una nave en las ruinas de la Acrópolis:
todo se desdobla en las paredes de mampostería,
en los arcos ménsula, entre los restos de la selva
que se palpa al fondo de la destrucción.
Y allí los hombres no son nada.
Pero en ese templo, en la cavidad subterránea
que parece la boca insultante de un dios perverso,
que podría ser incluso la boca perversa de un dios insultante,
ahí, también hubo, hace tiempo, poesía.

Camarero anónimo toma la comanda de Bliuma Zeigárnik y Kurt Lewin en un restaurante del Berlín de entreguerras

Y vuelto ya al anónimo
eterno del desnudo
Pedro Salinas.

Y así pasará a la historia, sin nombre,
anónimo, como el Poema de Gilgamesh,
como los cuentos insomnes de Shahrazad.
Pareciera que su madre al nacer
no preveía llamarlo nunca, que su padre,
anónimo también, no quiso invadir el espacio del hijo
nombrándolo como a sí mismo.
Cómo recordar entonces lo que no tiene nombre,
lo que no se llama, cuando el recuerdo es,
sin embargo, lo que aquí y ahora nos ocupa.
Cómo recuerda ese hombre
cuyo nombre nadie recuerda.
Sirvan de ejemplo aquellos amantes del poema,
los que murieron, ¿recuerda usted?
los que dejamos en el acantilado del verso
en un insípido poema.
Sirvan también el maestro y la alumna
que quedaron, atemporales,
en el más literario Berlín y piense ahora
en ese *anónimo eterno del desnudo,*
en ese nadie que apareció hace ya algunas páginas
y que, hasta ahora, ha permanecido, ¿verdad?
en su memoria.

Confesiones

*El desastre quiere luz y buscamos
la envoltura de la razón*

Juan Gelman

Alumbremos pues la noche del desastre,
rasguemos de una vez los tules y las sedas que cubren
las bocas de las mujeres hermosas.
Llegados hasta aquí sospecho que es este pues
el mejor momento para sincerarse:
esto no ha sido más que un juego tonto,
innecesario, por supuesto,
como el croar de los sapos en el estanque vacío,
pero qué otra habría de ser la poesía hoy
cuando ya todo se ha dicho, cuando ya no quedan
flores, lluvias o nostalgias que no hayan sido usadas,
cuando las cicatrices todas, los dolores incalculables,
los tiempos fuera de los relojes, los muertos,
contaminan la escena del crimen dejando su terca huella
hasta en la alcoba más fría y vulgar.
Ya el niño Borges leía en farsi las noches infinitas,
y el viejo Ebenezer Scrooge, vio con sus ojos marchitos
al niño Ebenezer Scrooge leyendo las maravillas,
entonces
¿A qué va a jugar el poema con la muerte?
¿A contar infinitas noches con las manos sobre los ojos
mientras ella, la que divide los caminos,
se esconde entre las patas del perro?
¿Y a la poeta? ¿Alguien le da vela para ese entierro
                                        [interminable
que sucede de un poema a otro?

Índice

Este libro,
número 389
de la Colección Torremozas,
se terminó de imprimir el día
16 de septiembre del año 2025,
aniversario del nacimiento de
Emilia Pardo Bazán.